작은 그릇의 고민

효성여자고등학교 〈울림〉 시집

작은 그릇의 고민

신영조 엮음

만인사

| 발간사 |

시는 한 장의 인생 그림이다

신영조(지도교사 · 시인)

우리가 고등학교 다닐 때는 학교마다 문예반이 있었고, 어김없이 시화전의 계절이 있었다. 낙동강보다 시퍼런 청춘의 가슴 속에 피어나는 장미를 안고 이 학교의 시화전에서 저 학교의 시화전으로 옮겨 다니면서 시를 공부하던 것이 그 당시 문학공부를 하던 학생들의 문화였다.

요즘에는 문예반을 운영하거나 시화전을 개최하는 학교를 찾아보기 드물다. 입시 탓일까? 스마트폰과 인터넷 등 전자기기가 우리 모습을 대신하는 시대여서 그럴까? 그러나 우리 효성여고 문예반 〈울림〉은 올해도 어김없이 시화전을 열고, 학생시집 『작은 그릇의 고민』을 펴낸다. 나 자신은 아직 개인시집이 없지만, 우리 효성여고 학생들의 시집의 탄생은 지도교사인 나에게도 큰 기쁨이 아닐 수 없다.

한 편의 시에는 한 학생의 생각과 인생이 선명하게 그려져 있다. 추상화냐 수채화냐 동양화냐 하는 것은 그리 중요하지 않다. 오래오래 감각의 시선을 잡아 매어둔다면 시는 한 장의 인생 그림이다.

학생들과 함께 시를 읽고 느낌을 공유한다는 것은 가을 단풍보다 더 오묘하고 봄꽃보다 더 설렘을 안겨준다. 그러므로 감사하다! 학생들 때문에 나 또한 시를 쓸 수 있다!

함께한 학생들이 앞으로 살아가면서 여고 시절의 시 창작이 삶의 소중한 울림이 되어 그들의 눈에 피어나는 예쁜 가지에 꽃망울 하나씩 터뜨린다면 나는 더 이상 바랄 것이 없겠다.

학생들이 먼 훗날 친구들에게 멋진 한 구절의 시의 울림을 선사하는 삶을 살아가기를 바란다. 여고 시절의 시적 상상이 앞으로 살아가야 할 현실에 감동으로 다가오는 순간은 참으로 아름다운 계절이 될 것을 믿

어본다.

마지막으로, 학생들의 작품에 비평해 주신 시인이자 비평가이신 우리 효성여고에 근무하시는 이진엽 선생님께 감사의 말씀을 전하며 이 글을 맺는다.

2017년 5월

| 초대시 |

생의 밑불

이진엽(시인)

손목처럼 약간 구부러진
인적 드문 거리의 가로등
하필이면 그 휘어버린 바깥 지점에
까치가 집을 지어놓았다
가장 위태로운 꼭짓점
그래도 그곳에 제 집 하나 얹어놓고
모진 풍설을 견디고 있었다
반짝, 빛나는 생의 의지
산다는 것이 저렇게
줄 하나를 타고 협곡을 건너듯
진지하고 아슬아슬한 무엇인가를 생각하니
느슨한 마음이 팽팽해졌다
손목처럼 약간 구부러진

가파른 지점에 악착같이 매달려 사는
녀석들의 날갯짓이 생의 밑불을 되살려주었다

| 초대시 |

소설(小雪)과 소설(小說) 사이

신영조(시인)

읽고 나면 사라지는 이야기가 있다
투명해서 읽을 수 없는 이름이 있다
흔적을 남기지 않고 떠나가는 법을 아는 이야기
잊혀질만하면 눈에 파묻히는 겨울이야기

나보다 많은 눈은 소설 속에 살고 있다
펑펑 우는 눈
가득 가득 몸을 비우는 눈
나보다 많은 눈은 이야기를 흩날리며 살고 있다

눈송이로 살아가는 수많은 사람들
희다는 것은 추워서 눈이 부시는 이야기
일생이 머문 너의 손금 위에 앉은 눈 한 송이
흔적도 없이 사라지는 이야기

손을 쥐어 본다
겨울이야기처럼 한세상 한 움큼

차
례

2 방 안에 향초를 켜둔 채

3 봄의 타이핑

최유정

최지희

황채은

1

새싹이여, 시를 쓰자

울림 47대

김지은

김현진

손지민

송지현

이지우

한효진

흑백

김지은

커다란 스케치북으로
나만의 색을 칠해본다

사과는 노랑색
바나나는 빨강색

정해지지 않은 길을
돌아다니는
빨강 주황 노랑 초록 파랑 보라색의 모자를 쓴
머리 긴 사람은
오렌지빛 허리띠를 두르고

커다란 스케치북 안
나만의 색을 칠해본다

새싹 시인 외 1편

김현진

시를 쓰자

시를 쓰자

새싹이여 시를 쓰자
달을 보고 새를 보고

책상을 보고 거울을 보고

새싹이여 시를 쓰자
세상 만물 상상의 말 꼬리표 달렸는데

뜬구름 뜬마음 망설임만 가득하네

움을 틀까 말까
어디에 피어날까

고민하는 너처럼

아아, 새싹.
난 너를 닮았구나

하루살이

파란 수풀 같은 데를 만나서
향긋함에 취해 있다가 나비를 만나
하늘이 날 반기고 이 모든 것 날 위한 거라고

한껏 홍에 취한다 오늘 하루 잘 살았다
철퍽철퍽 썩은 물웅덩이를 만나서
지쳐 나자빠져 있다가 모기떼를 만나

이 모든 것 우릴 위한 거라고, 그들이 말했다
나를, 우리를 위한 거라고 축축함도 파릇함도 모두

오늘 하루도 잘 살았다
모든 것 마음에 담고 불꽃처럼 사라진다

나무

손지민

나는 너를 동경하여
내 온 몸을 너와 닮은 푸른 빛으로 물들였다

너와 닿으려 애처로이 손을 뻗었고
나를 봐 달라
힘껏, 손 흔들었으며

싱그러운 울음으로 네 사랑을 보채었다

나는 너를 사랑하여
나무는 하늘을 사랑하여

동지 외 1편

송지현

너를 만난 이후로 밤을 싫어했다.
슬픔은 청색이라 노을이 제 빛을 잃었으며
내 증오가 별을 삼켜 새벽을 고독하게 만들었고
너를 향한 그리움에 안개가 대신 울어 일찍이 해가 떴다.

낮은 천장 캔버스에 꿈을 묻힌 펜촉을 들어
너를 그리려 들면
기억나지 않는 그 얼굴이,
다시금 눈을 감으면 선명히 보여서
너를 만난 이후로 밤을 싫어했다.

네가 싫고 밤이 밉다.
해가 지면 네 기억이 가시처럼 돋아
나를 찔렀다.

실은 네가 좋고 밤이 외롭다.
그럼에도 불구하고 통증마저 그리웠던 밤이 있다.

오늘도 너를 사모하는 꿈을 꿀 것이다.
밤이 길다.

꽃, 사랑, 당신

나는 꽃을 사모했다 어둑서니 밤하늘엔 이름 없는 별이 드문드문 피었고 달빛 아래엔 이름 모를 꽃이 자주 피었지 별에 비해선 볼품없는 초라한 생명들이야 나는 흔하게 혀를 찼고 스쳐 지나간 꽃은 눈에 밟히지 않았다 공백을 채운 꽃밭엔 네가 피고 추적추적, 그림자가 검은 내 뒤로 네가 운다

왜 꽃은 해 없이는 살아갈 수가 없는가 꽃의 명은 짧아 달빛은 본디 햇빛의 잔흔이래 꽃도 사실 그렇기에 해 없이는 빛나는 법을 모른다 꽃이 시들었고 짧은 제 명을 다 하자 밭에 달빛이 닿질 못 한다 나는 꽃들의 안위 따위 신경 쓰지 않았지만 오늘은 늘 뜨던 별 대신 설움 섞인 눈물이 피지 못한 꽃들만큼 은하수로 맺힌다

추락 외 1편

이지우

나는 꿈을 꿉니다
별이 바다를 애정하는 밤입니다

반짝이는 잿빛이 푸르른 심해를 애정하고
임께 닿지 못하는 서러움에 방울방울 빛 떨구고
추락하는 빛만을 파도가 말없이 안아주고

엄마, 나는 고래가 될래요
엄마, 나는 저 바다를 사랑해요

창문턱에 대롱대롱 매달리고
저 바다를 향해 다리 하나 내민 채 오열하고
반짝이는 수면 위로 비치어지는 고래의 모습에 웃고 마는

나는 오늘도 꿈을 꿉니다
오늘은 별이 뜨지 않는 밤입니다

잘가요, 나의 내일

안녕, 나의 아침
오늘도 해가 눈을 떴나 보죠
이상하네요, 방금 목을 비틀어버리고 오는 길인데 말이에요
오늘은 눈 한 짝을 뽑아버려야겠어요
방구석에 장식해두면 말라빠진 호박(琥珀) 같을 거예요
분명 잘 어울려서 예쁠 터예요

오늘도 내 숨엔 빛이 넘실거려요
멍청한 나는 또다시 빛의 위선에 홀려버리죠
그들은 생각보다 잔인해요
나를 비추기만 하고 다른 이를 바라보거든요
비참해져서 질투를 한 움큼 흩뿌리면 힐끔거리는 그들이에요
빨리 눈을 뽑아버리고 싶어졌어요

오늘은 기분이 좋아요

해가 더는 눈을 뜨지 못할 거거든요
눈꺼풀 제대로 들어 올리지도 못한 채로 눈물만 질질 뱉어낼 거예요
부럽네요, 내 눈은 내게서 도망가 버려 비명도 못 지르는데 말이죠
내 목은 한껏 뒤틀려 울음 하나 흘리지 못하는데 말이에요
괜찮아요, 오늘의 나는 기분이 좋아요

오늘이 해의 눈물에 흠뻑 잠기고 말았어요
드디어 내가 밤과의 밀애를 즐기러 갈 시간이 왔네요
잘 자요, 나의 아침
부디 나의 꿈을 꾸어요, 그 꿈에서는 황홀하게 웃어줄게요
나를 잊을 수 있는 좋은 작별인사가 될 거예요
잘 가요, 나의 내일

공백 외 1편

한효진

선명한 빛깔을 품은 꽃잎 자락들이 머리 위에 내려앉았다

사계의 공백, 그 틈을 메꾸는 것이란 여간 쉬운 일이 아니었다
너무나도 단단하게 얼어버린 그 틈을 녹여낼 즈음엔,
어느덧 강렬한 햇살에 무너져 내릴 듯 위태로운 나의 세상,
그것이 바로 나의 공백이었기에

봄이라 이름 붙인 나의 공백이여,
너는 어찌도 이렇게 내게 늦게 안기었단 말인가

봄이라 이름 붙인 나의, 나의 공백이여,
너는 어떻게, 이리도 나를 초조하게 만들었단 말인가

이미 무척이나 자라버린 아이는

조그마한 정원에 홀로 쪼그리고 앉아

낡고 두꺼운 책 사이에 몰래 모아둔 눈물을 땅에 묻고 있었다

바람

바다는 해가 잠드는 하늘을 안았지만
나는 바다가 되지 못했다

하늘은 별이 잠드는 우주를 품었지만
나는 하늘이 될 수 없었다

발 밑에 핀 조그마한 풀잎 하나 만지지 못하고
뜬 조각구름에게 닿는 것조차 할 수 없던 저녁

나는 그저
세상이 안은 모든 것을 쓰다듬는
한 폭의 속삭임이 되어

세상을 구석구석 물들인 노을빛에 앉아
벅찬 숨을 토해내곤 했다

2

방 안에
향초를 켜둔 채

울림 48대

남유미

이다겸

이지윤

이지희

단 한 번 외 1편

남유미

무얼 하고 싶은지
무얼 꿈꾸고 있는지
기억도 생각도 나지 않는 밤

단 한 번만이라도 기회를 준다면
단 한 번만이라도 믿어준다면
까마득히 어두운 밤
또 다시 꿈꿀 수 있을 텐데

비를 맞다

추적추적 내리는 비를 맞았다

떨어지는 물줄기만큼 내 마음 속의 앙금도
떨어졌으면 하는 바람에

후드득 떨어지는 소리에 놀라
웅크리고 있던 감정들도
화들짝 놀라 달아났으면 하는 바람에

창문에 맺혀 쭈—욱 떨어지는 빗방울처럼
내 마음 속 딱딱한 덩어리도
떨어져 나갔으면 하는 바람에

그 차갑고 축축한 비를 맞았다

생각보다 단단한 뭉텅이는
비처럼 한순간 지나가지 않았다

비는 나의 옷과 몸을 흠뻑 적신 뒤
바람에 말려주었다

마음 속 덩어리는 그러하지 못했다

단단한 감정 덩어리들이 발끝부터
머리끝까지 꽉꽉 빈틈없이 채워져
비울 시간이 되었는데도 비워주지 않았다

마음 속 뭉텅이들은 비에 씻겨가지 않았다

사랑을 위하여 외 4편

이다겸

뭉텅이로 잘라낸 비누로 몸을 닦아내자
노오란 털이 하얗게 바랄 때까지
손으로 손톱으로 비벼 빨자

길다란 목은 차곡차곡 접어 상자에 가두어내자
뼈가 굽어 말을 못 할 즈음에
바랜 가죽도 기꺼운 손길로 벗겨내자

흉측한 뿔은 손으로 부수어 강물에 뿌리자
물살이 센 강에다가
꽃이라도 날리듯 기쁘게 뿌려내자

커다랗고 느린 눈동자조차도 싫다고 운다면
그마저도 웃는 얼굴로 감아내자

조용하게 사라지자
남아 있을 그마저도
남지 않은 그마저도

우리

우리는 터지지 않은 불꽃놀이
꼭꼭 씹어야만 빛나는 불씨와 볼썽사나울 정도로 아름다운 청춘이
시선을 뒤집어 삼키고 탈을 쓴 노인이

우리는 알 한 쪽이 사라진 안경
오래된 안경테로 숨을 멎는 삶이, 흠집 자국 가득한 나사가 걸린 안경 코가
새로운 알을 살 돈은 없지

우리는 데미안의 한 구절로만 이루어진 시
깨뜨려진 달걀 조각이, 가난한 노래만을 부른 어느 시인이
너의 거죽을 누구보다 닮은 누군가가

모든 것을 손 뒤로 감추되, 더욱 빛나야만
우리, 그리고 우리

월간 사랑

이번 달 발간, 정가 이천 원
절찬 판매 중, 월간 사랑

매달 말의 찌끄레기 사랑만을 긁어 모아 발간하였습니다
온기는 월초에 다 식어버렸지만,
살 냄새는 남아있는 채로 보내드립니다

부록으로 실리는 미련은 뜨뜻미지근하고
척척하게 젖은 상태로 발송됩니다

정기구독을 원하시는 분은
구독료, 새벽 3시의 담배 연기,
혼자 있는 방의 먼지를 동봉해 잡지사로 보내주세요

언제나 당신의 외로움에 감사드립니다
편집자 김순정 드림

자폐아

바다보다 넓은 수조 안에서 깨어난 인어가
들쑥하니 느긋한 첫 숨을 뱉었고
어항을 들여다보던 여자는 기쁜 듯이 웃었다

물을 가득 담아 깊게 떠오르는 코발트색 창문 사이로
빛나는 붉은 색으로 칠한 보름달
푸른색으로 고요히 불타오르는 늙은이는
새벽의 새의 깃털로 가득 차 흰 바람으로 분다

덜컹덜컹 길을 잃은 별과
필터만 남은 현대식 곰방대를 문 검은 사내가
입술 사이로 달과 같은 불을 뱉어내고
잿더미 속에서 눈을 뜬 사슴이 속눈썹을 깜빡일 때마다
사륵사륵 꽃이 물결친다

진생(眞生)

내 생각이 담긴 버스는 동네를 벗어나지 못했고
마음을 실은 자전거는 10살짜리 목요일을 겨우 지났다

사실 아직 나는,
누구보다 두렵고 무섭고 겁이 나며
심지어, 나를 구석에 모는 모든 것에 대해 거짓말을 뱉는다

물 속에 잠겨도 여전히 숨을 쉬지 못하며
어설피 하늘은 날아도 덤블링은 못한다
원고지에는 사전으로 쓰여진 시밖에 없었고
나는 붉은 색연필을 한 번도 쓴 적이 없다

진실은 언제나 주머니 속 사탕 껍질보다 입에 썼고
좋아하는 노래는 언제나 카세트테이프의 마지막 곡이라
나는 매일 열 두 곡도 넘는 고개를 넘었다

사실 아직 나는,
무지하고 무식하고 순진하며
살아가기에는 너무 어리다

한 움큼 외 1편

이지윤

있는 힘껏 내 방 안에 향초를 켜둔 채
지겨운 사랑 영화를 즐겨보던
K씨
강한 향기에 나는 어지럼증을 느꼈고
있는 힘껏 내 방 창문을 열어버리곤 했다.

서랍 한 켠
차곡차곡 쌓여있는 편지들을 볼 때면
날 어지럽게 하던 향기가 스며 나와
날 다시금 속상하게 한다

K씨의 감성을 닮기 위해
나도 종종 편지를 써보곤 했다
옷장 깊숙한 곳,
차마 버리지 못한,
펼쳐지지 못한 온기가 차갑게 식어버린
편지지 한 움큼.
전해주고 싶다

나도 K씨의 방을 가득 채우는
하나의 향초가 될 수 있었더라면

열대북극

지구 깊은 곳에서
뜨거운 것이 차오르면
또다시 숨을 참아야 해

친구들이 갑자기 녹아 들어가면
나는 숨을 참자, 한 번 더 숨을 참자
헤엄을 잘 치는 어른이 되기도 전에
뜨겁게 가라앉을 수는 없어

새벽까지 부지런히 헤엄칠 수 있게 해주는
고마운 달님
달님, 오늘은 제가 잘 수 있게 해 주세요

잘 곳 하나 찾지 못해
결국 밤을 지새워도
아침 햇살에 다시금 살이 타들어 가도

나는 이렇게 숨 쉬고 있어

8살 외 1편

이지희

낯선 아이들 낯선 공기 낯선 어른
모든 게 새롭고 신기하던
호기심 가득한 갈색 눈동자 속
두려움 반 설렘 반 가득 차 공존한다

큰 가방을 메고 캐릭터 신발주머니를 들고
지각할까 쫄래쫄래 운동장을 뛰어가던
가벼우며 무겁던 발걸음 속
무서움 반 즐거움 반 가득 차 공존한다

준비물을 들고 오지 않아
엄마에게 가져와 달라고 전화하던
떨리는 가녀린 목소리 속
걱정 반 기대 반 가득 차 공존한다

소소함

나는 너에게 요로한 사람보다는
미미한 사람이 되고 싶다

네가 껌껌한 밤 속에서 방황할 때
한 줄기의 빛이 되진 못하지만
두렵지 않게 손을 잡아주고

네가 슬퍼 눈가가 촉촉이 젖어올 때
함께 울 수 있는 비가 되진 못하지만
묵묵히 조용히 너의 이야기를 들어주고

네가 앞만 보며 달리다 지칠 때
땀을 식혀줄 바람이 되진 못하지만
촉촉해질 때까지 너의 땀을 닦아줄 것이다

나는 너에게 요로한 사람보다는
미미한 사람이 되고 싶다

3

봄의 타이핑

울림 49대

강다현
김사랑
김수진
김수현
류성민
류수아
문경미
박민정
박소연
이도희
이수민
정재원
최유정
최지희
황채은

깃털 외 1편

강다현

태어날 때부터 가지고 있던 새하얀 깃털 하나
보고만 있어도 웃음을 띠게 해준 깃털

어쩌다가 이렇게 되었을까
세월이 지날수록 점점 내 주위에는
검게 물든 깃털을 가지고 있다
한 명 두 명
이젠 나처럼 새하얀 깃털을 가진 사람이 없다

내가 가지고 있는 깃털마저 똑같이 변할까 봐
손에 꽉 쥐고 다녔어 떨어지지 않도록 말이야
남들보다 오랫동안 잘 지켜나갔지
그렇게 안심하다가 실수로 깃털을 떨어뜨리고 말았어

어쩌다가 이렇게 되었을까
나는 조심스럽게 깃털을 잡아 굳은 다짐을 해
다시 되돌려놓겠다고 포기하지 않고

또 다른 너

매번 눈 뜨면
새로운 세상에 도착하는 나
황홀한 우주에 있거나
황금색을 띄는 사막에 있거나
초록색 돈에 파묻혀 있거나
사파이어색 같은 바닷속에 있다
이번에는 회색 배경의 골목 속에 서 있는 나
터벅터벅 걸어가다가 벽에 그려져 있는 숫자
어디서 본 것 같은 숫자, 한참 고민하다
갑자기 옆에서 터벅터벅 발자국 소리가
나에게 다가온다
두려움에 몸이 돌처럼 움직이질 않고
가까워지는 듯 점점 소리는 잘 들리고
빨리 꿈에서 깨길 속으로 소리 지르는 나
등 뒤 오싹한 느낌에 천천히 뒤돌아보다
꿈에서 깬다

너 외 1편

김사랑

푸른 잡초 사이로
몰래 피어난
이름 모를 꽃 하나

문득 눈길을 잡아끄는
초라한 꽃 하나

이름은 모르지만
기억 속 지워지지 않는 꽃 하나

내 마음 속에 들어온
작은 꽃 하나

안경

흐릿했던 내 세상을
선명하게 바꿔 준 안경처럼

흐릿했던 내 마음을
선명하게 바꿔 줄
너

이제 너라는 안경으로
또 다른 세상을 봐야지

8년 전 옛집 외 4편

김수진

양초 불꽃이 꺼진 것 같다
손가락을 덮은 촛농, 지문에 추억을 굳혔다
늘 흐르기만 하는 모래와의 이별
내가 떠나는 데도 손을 간지럽히던 느티나무 잎사귀
갑옷이 부드러운 하늘소
굴러다니면서도 다가와 주던 타이어
월요일과 금요일의 성스러움에 아무런 차이가 없는 성당
자고 나면 항상 들려오던 이루마의 피아노 연주
뜯어진 실밥이라고는 하나도 없는 인형
나는 맨발로 뛰어 징검다리를 건넜다
나 없이 혼자 놀다가는 꽃 머리띠의 꿀벌
8년 전 빛나던 목걸이는 가슴에 묻혀
찾을 수도 없는 지금

두꺼비집

사락사락 제멋대로 굴러다니던 모래알 하나둘 모이는 소리

꽃잎같이 고운 손으로 토닥토닥 성난 모래산 잠재우는 소리

비바람이 일면 혹여나 다칠까 연잎같이 듬직한 손으로 감싸 안는 소리

따가운 햇볕에 혹여나 말라버릴까 고운 손 땀 흘려 적시는 소리

연잎 꽃잎 어디로 가고 꽃받침 같은 손이 다가와 모래알과 서로 따뜻하다고 악수하는 소리

정 많은 두꺼비집 헌 집 주고 새집 짓는데 그 속은 텅텅한 소리

악수하던 꼬마 어디로 가고 비바람에, 햇볕에 까칠까칠 모래 깎이는 소리

홀로 남아 쓸쓸한 두꺼비집 안 높새바람, 하늬바람, 산들바람이 채우고

참새며 찌르레기가 들려주는 행복한 반올림 이야기로 채우는 소리

이제 두꺼비집 누구의 손 잡아줄 곳만 남기고 새집을 기다리네

하필 그때 하늘에 구멍이 뚫려 퍼런 돈다발이 솟구치는데

이어서 두꺼비집에 군데군데 박혀있던 열매를 말려주던 빛도 창살에 갇혀버리고

두꺼비집의 세상은 구름 낀 아침과 불그스름한 초저녁
그리고 별 하나 달랑 남은 한밤중
아파트 창틈으로 새어 나오는 흰 조명만으로 돌아간다
이따금 쏟아지는 돈다발도 아까 그 참새가 물어간다
이젠 바람도 콩알조차 시기하여 한기를 날리고
이따금 개미가 잔뜩 웅크린 두꺼비집을 드나들어
숨 쉬게 할 뿐이다

봄의 타이핑

안녕하세요? 어젯밤 구름을 두드리던 당신은
아직도 그 자리에 계신지요
그날 밤은 요란하게 우리 둘 사이를 패주었지요
기억하고 계신가요?
제가 열쇠를 들고 찰랑거리며 당신의 꽃눈 자물쇠를 연 그 날,
아무것도 모르던 당신은 열차를 타고 떠나버렸고
저에게 우산을 전해주지도 않았어요
그 바람에 휘몰아치는 눈물로 멍들고 싶지 않아
당신이 남기고 떠난 사진기를 들고
기억 속에서 흩날리는 물안개를 찍었어요
너무도 따끔하여 가까이 다가가다 뒷걸음치던 저는
그날로 연둣빛 어린 마음에 푸른 멍을 남기고 말았답니다

그대 덕분에 한층 성숙해진 갈맷빛을 머금게 되었네요

그대가 저더러 당신의 가시 같은 눈물로
가슴 깊이 적시라고 하던 그 날 밤
저의 마음은 그날부터 파랬나 봐요

작은 그릇의 고민

나는 작은 그릇입니다
때 묻지 않은 하이얀 도자기는 얇고도
가끔 신비로운 비취색을 띠어 여우 같이 홀리지요
나는 스스로 닦을 줄 압니다
내 앞에서 먼저 자리를 달구어 주던 형제 몫만큼
내 뒤를 이어 태어난 아우들을 위해
난 더 뜨겁게 달구어졌으니까요

모두 나에게 들어와 무거운 것들을 채우고 또 채우고
한 아름 채우고 양팔이 가벼워질 때쯤 가버립니다
정작 난 내가 닦아온 길에서 만난 쇠꼬챙이나 아슬
아슬하게 상 턱에 놓였을 때를 이겨냈다는 기쁨에 이
모든 걸 흰 도포로 덮어두고 삽니다

난 그저 작은 그릇일 뿐이라
그들 마음이 듬직해지면 그걸로 족하고
도포 아래로 느껴지는 사각사각 소리에 가슴이 오돌
오돌 떨리곤 합니다

이게 금 가는 소리인지, 내가 커지는 소리인지, 누군가 식어가는 날 다시 달궈주러 오는 발소리인지 모릅니다

그저 흰 천을 덮어쓴 얇은 그릇은 가득 채워지고만 있습니다

마늘의 생각

나는 나름 괜찮다 나름 쓸 만하다

내 껍질을 벗겨내도
나의 실없는 뿌리같이 바람에 치이는 당신 머리카락 보다는
눈 감아도 햇볕이 노란
칠을 못해 벼 이삭의 솜털처럼 떨고 있는 당신의 한 맺힌 속눈썹보다는
매운 기세를 자랑하며 강하게 속삭임 부르짖으니
나는 전혀 버릴 것이 없다

당신이 뜨겁게 안아주면
나는 매끄럽고 사나운 모습을 수그리니
뿌리는 보석을 간직하여 한껏 무거워지고
한 맺힌 솜털에는 황금빛이 살랑이는데

당신도 나름 괜찮다
나름 쓸 만하다

가을을 바라보다 외 1편

김수현

겨울이 되어서야 그리워지는 여름
여름이 되어서야 그리워지는 겨울처럼

머리가 길 때는 자르고 싶고
짧으면 기르고 싶은 여자의 마음

가을을 바라보다
억새로 자라납니다

편안한, 따뜻한

청도 어느 정자 한 곳
해바라기는 나를 바라보고
복숭아나무는 살랑살랑 춤을 춘다

나도 한결 편안하다
해는 그렇게 지고
그래도 여전히 따뜻한 정자 안에서의 밤
해바라기도 여전히 나를 보고 있고
따뜻한 바람이 나를 스치는 것도 여전한

편안한, 따뜻한 여름 밤

그 거리 외 2편

류성민

매일 걷던 그 거리
익숙한 공기와 매일 맛보던 햇살
새들이 재잘거리며 대화하는 소리
늘 밟던, 늘 맡던, 늘 느끼던 그 거리.
왠지 늘 같게만 느껴지지만 다른 거리.
아이러니한 그 거리. 매일 걷고, 뛰고, 미끄러져 보던 거리
같지만 다른 거리 위를 우리는 다닌다.
뫼비우스의 띠 위를.

떨어지는 그림

가을
어여쁜 한 폭의 그림이 떨어지는 계절
때로는 노오란 그림이
한 때는 붉었던 그림이 혹은 녹색 그림이
우리 발밑을 가득 메운다

가지각색의 맛을 가진 한 폭의 그림이
때로는 고소하게
바삭하게 혹은 짭짤하게
우리 감각을 흔들어 일깨운다

가을에 떨어지는
일 년간의 사연이 가득 든
한 폭의 그림이 떨어질 때에
그들은 때론 우릴 씁쓸하게
한 때는 재밌는 장난감으로
혹은 아름다운 감성이 피어오르게끔
일깨워주는 그 그림, 낙엽

비

토독토독
내 머리 위에서 떨어지는 음표들
저기서는 투둑 여기서는 통통
시원한 바람은 새하얀 오선지 되어
새로운 세계의 문을 연다

바닥에 고인 그들의 세계에
새로운 음표가 떨어지니
그 울림이
고요하게
자신의 존재를 알린다

마늘의 생각 외 1편

류수아

나는 작지만 속은 강한 사내다
내 몸이 작다하여 쓸모 없는 것은 아니다
비겁한 소문과 변명들로 나의 겉을 지키던 껍질이 벗겨지고
날카로운 말들에 내 몸과 마음이 으스러져도
이 한 몸 희생하여 세상을 구할 수 있다면
그것만큼 멋진 일이 없지 않은가

난 맵지만 속은 달달한 사내다
내가 맵다하여 쓸모 없는 것은 아니다
내 몸을 불에 달구어 못된 마음 녹아내리고
달달하게 착한 마음만 남아
모두 함께 살아갈 수 있다면
그것만큼 행복한 일이 없지 않은가

옛 하늘

하늘에 불빛이 꺼진 것 같다
밤하늘에 걸린 별똥별에는 사람들의 소원들이 자주 걸렸다
늘 따스했던 봄과의 이별
눈물 많던 여름
세상을 아름답게 만들던 가을
깨끗한 듯 더러운 눈 쌓인 겨울
사계절의 옷이 바뀌는 나무들
자고 나면 새 하루를 데리고 기다리는 아침
나쁜 마음으로 가득 찬 듯 까만 밤 속을
별들은 새로 산 이불 속으로 너무 깊이 숨어버렸다
별 없이 혼자 놀다가는 검은 도화지에 담긴 달
스위치도 없는 까만 밤이라서
찾을 수도 없는 지금

가면 외 3편

문경미

언제나 웃고 있는 얼굴 좀 봐
기쁠 때나 슬플 때나 화날 때나
언제나
대리석처럼 딱딱하고 새하얀 이와
피보다 붉은 혓바닥을 늘어뜨리고
반달이 된 커다란 흰 종이에
깊이를 알 수 없는 검은 눈동자를 색칠하고
너무나도 뾰족하여 여린 속살을 베어버릴 것 같은 코와
물감을 부은 것처럼 창백하게 하얀 피부 결이
한 꺼풀 한 꺼풀 벗겨질까 봐
덧칠하고 덧칠한 언제나 웃고 있는 얼굴 좀 봐
무엇을 숨기려고 하는 걸까
무엇을 보여주기 싫은 걸까
속을 알 수 없는 얼굴을 뜯어내면
진짜 모습이 나올까
아니면 또 다른 얼굴이 나올까

시간

오전 1시 내가 이 세상에 처음 발 들여 놓은 시간
오전 3시 두 다리로 아장아장 걷기 시작한 시간
오전 5시 엄마를 처음으로 부른 시간
오전 7시 처음으로 손에 힘주고 글씨를 쓴 시간
오전 9시 엄마 손을 꼭 잡고 유치원 간 시간
오전 11시 혼자 당당히 초등학교 입학한 시간
오전 12시 많은 친구와 함께 중학교 들어간 시간
오후 1시 공부만 하는 고등학교에 발을 디딘 시간
오후 3시 원하는 대학에서 떨어져 계속 운 시간
오후 5시 작은 회사에 취직하여 죽도록 일만 한 시간
오후 7시 남편을 처음으로 만난 시간 그리고 이혼한 시간
오후 9시 아이 둘을 혼자 힘으로 키운 시간
오후 11시 뒤를 돌아보고 허탈해한 시간
오후 12시 쓸쓸히 눈을 감은 시간

오전 1시 새로운 삶을 시작하는 시간

거울

하늘에 붉은 공이 떠오르면
바다에도 붉은 공이 떠다니고

하늘에서 하얀 물고기들이 헤엄치면
바다에서도 하얀 물고기들이 물장구치고

하늘에 반짝이는 노란 구슬이 걸리면
바다에도 반짝이는 노란 구슬이 떠오르고

하늘에 수많은 보석이 박히면
바다에도 수많은 보석이 가라앉고

산에서 새가 하늘로 다이빙하면
호수에서도 새가 물속으로 다이빙하고

산에서 나무들이 바람과 함께 춤을 추면
호수에서도 나무들이 바람과 함께 수영하고

산에서 사슴이 호수에 뽀뽀하면
호수에서도 사슴이 호수에 뽀뽀한다

주위에 항상 있는
아주아주 큰 거울들

지구의 냄새

투명하고 푸른 바다에서 불어오는
고양이가 몰래 생선 훔쳐 먹는 냄새
드넓은 들판에서 흔들리는
동물들이 풀 뜯어 먹는 평화로운 냄새
울창한 숲속에서 울려 퍼지는
새로운 생명의 탄생을 알리는 냄새
옹기종기 모여 있는 시골집의
남은 지푸라기를 긁어모아 묶는 냄새
우뚝 솟은 아파트들 사이사이로
발 빠르게 소식을 전하는 사람들의 냄새
끝없이 이어진 도로 위의
가득 찬 자동차들이 서로 빵빵거리는 냄새
하얗게 쌓아놓은 병원을 왔다 갔다 하는
새로운 삶과 죽음의 냄새 등등……
이 모든 냄새를 끌어모아
둥글게 둥글게 빚으면 나오는
지구의 냄새

나를 알까 외 1편

박민정

그는 알까
얼굴에 홍조를 띠며 한 발짝 다가서는
나를 알까

톡톡 땅으로 떨어지는 물방울
톡톡 땅으로 떨어지는 눈물

알아주리란 희망을 비웃듯
그는 무심하다

그러나 나는 아니다
나는 눈 깜빡이는 순간에도 그녀를
잊은 적이 없다

이제 표현하고자 한다
처음으로 소리 내어

야, 같이 가

따스함을 기다립니다

맑은 하늘에서 펑펑 눈이 쏟아집니다
나의 온몸에 천천히 쌓입니다

어두운 밤이 되고
환한 보름달이 내게 인사할 때도
내게 차가움이 쌓입니다

이렇게 수십 번 부엉이가 울어댈 때까지
나는 천천히 기다렸습니다

언제쯤 내게도 따스한 바람이 불어올까요
그 따스함이 내게 존재하는 걸까요
언제쯤 나의 온 몸에 쌓인 차가움을 녹여줄까요

언제나 기다립니다.
네가 내게 따스함으로 손짓해 줄 때까지

오래된 시계 외 1편

박소연

검은 바늘을 돌리던 내 톱날 같은 태엽
상처가 많아 사람들의 시간을
조금씩 느리게 만들었네

내 얼굴이 예쁘다고 샀던 사람들은
이제 태엽 없이 불빛 나는 놈들을 더 좋아하네

동그래진 태엽에 내가 멈춰버렸네
난 지금 벽도, 집도 아닌
나 닮은 친구들이 모여 있는 낯선 곳이네

지우개로 그린 세상

해를 그렸다
구름을 그렸다

즐비하게 서 있는 아파트 그리고
자동차를 그렸다

그 앞에 지나가는 아이들도 그리고
신호등도 그렸다

내가 그린 세상은 오직 흰색뿐이다

흰 해, 흰 구름, 흰 아파트
왜냐면 지우개로 그렸으니까

남들은 알록달록한 세상을 상상했겠지만
내가 그린
지우개로 그린 세상은
하얗다

얼룩이 하나도 없는 순수한
흰 세상이다

잠 외 1편

이도희

자꾸 자꾸
생각나는 너

언제 어디서나
네가 없으면 힘이 나지 않네

입맛도 없게 만들고
공부에 집중 못하게 하는 너

나는 매일 같이
눈꺼풀이 아래로 내려오고
자꾸 고개를 기웃거리면서
너를 기다리네

나에게 올까 말까 밀당하는
끝없는 너

나는 어떡하면 좋을까?

휴대폰

링링링, 작은 속삭임으로 다가와
친절을 베풀던 너
한 마디 한 마디 달콤한 말을 선사하네

나를 신나게 만드는 노래
감동을 전해주는 드라마
안구정화시켜주는 연예인

어느덧, 이 달콤한 속삭임이
나를 유혹으로 인도하네

흔들리는 나의 눈동자
네 주위를 수없이 맴돌던 손

아무렇지 않았던 너의 울림이
이젠 나에게 갈등을 주네

곳 외 2편

이수민

봄이 되면
봄처럼 따스한 할머니의 목소리를 들었던
봄처럼 따스한 곳
따스한 할머니의 목소리와 싱그러운 벚꽃 향기에
날 취하게 만들던 곳

아빠의 어린 시절
보물 같은 추억들이 담긴 곳
저녁이면 고요한 달빛이 고요한 분위기를
자아내며 내게 조용히 속삭이던 곳

지금은 환한 조명으로
더 이상 만나지 못하는 곳

너무나 당연했던,
돌아가고 싶은,
나의 가슴 뭉클하게 하는 그곳

그림자

아침이면
자취를 감춰버리고

낮이면
밝은 햇살과
조금 자란 모습으로
날 졸졸 따라다니던 너

해 질 녘이면
나보다 커져
곧 나를 떠나려 하는 너

아날로그

가끔은 핸드폰 메시지 열 마디보다
삐뚤빼뚤한 편지 한 마디가
그리울 때가 있다

꺼진 휴대폰에 비치는,
이미 한 아이의 엄마가 되어버린
너의 모습에서
친구들과 어울리던 학창시절을 회상하며

한강 투석(漢江 投石) 외 1편

정재원

내가 좋아하는 색
흰색과 검정색으로 꾸민 방에
내가 좋아하는 시트러스향 디퓨져를 두고

침대에 엎드려 노트북을 켜고
좋아했던 영화를 다시 보고
내가 좋아하는 것을 간식으로 먹고

몽땅 다 내가 좋아하는 것들로 하루를 채웠는데
허전한 느낌은 뭘까.
온통 내가 좋아하는 것을 골라 했는데
기분이 좀처럼 좋아지지 않는 이유는 뭘까.

나무늘보의 하루

나도 개미처럼 열심히 살고 싶은데
바쁜 일상 속 나는 뭐가 그리 여유로운지
베짱이처럼 살아가는 걸까

노력해도 잘 안 된다고
포기해서 그런 걸까?
아니면 부지런하지 못해서 그런 걸까
포기가 거듭되고,
실패가 거듭될수록 점점 나태해져만 가고

나 자신에 대한 비판도 많이 하는 요즘
생각해보니
처음부터 나는 개미도 베짱이도 아닌
나무늘보였을지 모른다

네온사인 외 1편

최유정

어두운 길거리를 화려하게 수놓는
다양한 네온사인
형형색색 다양한 크기와 높낮이
한 건장한 사내가 아리따운 여인의 마음을
꿰뚫어 본 듯이 마음을 훔치네

우리에게 구애하듯 빛나는
네온사인
하지만 화려함 뒤에 감춰진 씁쓸함
유명인처럼 화려한 외막과 달리
쓸쓸하고 허한 내막이 닮아간다

우리의 촉촉한 감성을 책임지는
네온사인
카메라 셔터 소리 하나에
많은 네온사인이 담긴 야경에 감성이 찍히듯
열심히 살기 위해 페달 밟는 사람들의
촉촉한 감성과 피, 땀, 노력이 함께 '찰칵' 찍힌다

시계

사람들은 때때로 시간을 멈추고 싶어 한다
하지만 시간은 강과 바다가 서로 춤추며 만나듯
종잡을 수 없이 째깍째깍 빨리 흘러간다
학생들은 대학입시를 향하여
어른들은 노인을 향하여
노인들은 죽음을 향하여 달려간다

시계는 시간의 주인이자 지배자
그러나 시계도 배가 고프거나 아프면
뚝 멈춰버리거나 처언처언히 흘러간다
태아들은 시간이 멈춰버리면 아마 한시도 가만히 있지 못하고
좁은 동굴에서 나가기 위해 발버둥을 뻥뻥 칠 텐데……
시계가 배가 부르기 시작하면
시간이 다시 째깍째깍 빨리 흐르기 시작하면
사람들은 바쁜 것처럼 발걸음을 재촉하기 시작한다

사람들은 시간을 절약하기 위해 사는 것일까
시계처럼 여유 부리며 살기 위함일까?

애타는 마음 외 1편

최지희

손 뻗으려 하면 마치 다가오지 말라는 듯
반대편으로 몸을 기울이는 민들레처럼
닿을 듯, 말 듯 하면 넌 항상 그랬듯 돌아섰다

애타는 마음 애써 붙잡고 용기 내보려 하지만
속 안에서 미친 듯이 쿵쾅이는 심장의 저울질에
끝끝내 멈춘다……

넌 알까 민들레야 민들레야,
거름이 되어도 좋고
밟고 푹 잘 수 있게 흙이 되어도 좋으니
네 곁에만 있게 해다오

너도 언젠간 목이 타들어 갈 때쯤
콸콸 쏟아지는 물줄기를 애타게 찾게 되겠지

그런 너에게 나는 한없이
애탄 물줄기 같은 존재가 되고 싶다

해탈

모든 걸 다 포기한 마음에
터벅터벅 힘없는 발걸음 이끌고
위로, 위로 굼벵이처럼 올라간다

눈을 감자 귀를 스쳐 지나가며
날 감싸 안아주듯 위로해주는 하늘의 한숨

비가 오면 같이 울어주고 눈 감으니 같이 한숨 쉰다
막상 다리를 띄우고 올라서니
어릴 적 날 키워 주셨던 어머니 손길
옹기종기 앉아 먹었던 국물 한 모금까지
파노라마처럼 휘리릭 스쳐 지나간다

너무 높이 높이 올라와 버려서
다신 내려갈 수도 없이 돌이킬 수 없는 길에 왔다

이제서야 난 몸을 기울이며
온 세상에 몸을 맡긴다

CCTV 외 1편

황채은

혼자라고 생각들 땐 나를 찾아보세요.
당신이 힘들어 어깨가 처지고
행복해서 발걸음이 빨라지고
친구를 기다리며 돌멩이 차는 모습도
성적표를 보며 우울할 때에도
친구와 다투어서 울먹일 때도

당신이 닿지 않는 그곳에서
아무도 모르게 당신을 응원하고 있어요.

숫자놀이

재미있는 숫자놀이
내 소중한 시간들을 갉아먹음에도
멈출 수 없던 숫자놀이
그러다 문득 내가 무엇을 하였나
생각이 들 땐
내 옆의 숫자들을 잠시 내려놓고
주위를 둘러본다면 달라진 것들은
너무나도 많다.
늙어버린 엄마의 손, 어느새 훌쩍 커버린 동생
아파트가 되어버린 집 앞 공터
내가 숫자들에 익숙해진 사이
달라진 것들은 너무나도 많다.

효성여자고등학교 〈울림〉 시집

작은 그릇의 고민

초판 인쇄 2017년 5월 10일
초판 발행 2017년 5월 15일

엮은이 / 신 영 조
펴낸이 / 박 진 환

펴낸 곳 / 만인사
출판등록 / 1996년 4월 20일 제03-01-306호
주소 / 41960 대구광역시 중구 명륜로 116
전화 / (053)422-0550
팩스 / (053)426-9543
전자우편 / maninsa@hanmail.net
홈페이지 / www.maninsa.co.kr

ISBN 978-89-6349-099-1 03810

값 12,000원

* 이 도서의 국립중앙도서관 출판시도서목록(CIP)은 서지정보유통지원시스템 홈페이지(http://seoji.nl.go.kr)와 국가자료공동목록시스템(http://www.nl.go.kr/kolisnet)에서 이용하실 수 있습니다(CIP제어번호 : CIP2017010525).